广西全民阅读书系

广西全民阅读书系

朱文庆 著

覃小恬 绘

中国导弹之父钱学森

小学版

广西出版传媒集团　　　广西科学技术出版社

图书在版编目（CIP）数据

中国导弹之父钱学森 / 朱文庆著；覃小恬绘 . -- 南宁：广西科学技术出版社，2025.4. -- ISBN 978-7-5551-2435-1

Ⅰ . K826.16-49

中国国家版本馆 CIP 数据核字第 2025 FK 9604 号

ZHONGGUO DAODAN ZHI FU QIAN XUESEN
中国导弹之父钱学森

总 策 划　利来友

监　　制　黄敏娴　赖铭洪
责任编辑　谢艺文
责任校对　吴书丽
装帧设计　李彦媛　黄妙婕　杨若媛　梁　良
责任印制　陆　弟

出 版 人　岑　刚
出　　版　广西科学技术出版社
　　　　　广西南宁市东葛路66号　邮政编码 530023
发行电话　0771-5842790
印　　装　广西民族印刷包装集团有限公司
开　　本　710mm×1030mm　1/16
印　　张　3.25
字　　数　47千字
版次印次　2025 年 4 月第 1 版　2025 年 4 月第 1 次印刷
书　　号　ISBN 978-7-5551-2435-1
定　　价　19.80元

如发现印装质量问题，影响阅读，请与出版社发行部门联系调换。

我作为一名中国的科技工作者，活着的目的就是为人民服务。如果人民最后对我的一生所做的工作表示满意的话，那才是最高的奖赏。

——钱学森

在人类灿若星河的历史中，无数的英才像星星昭示着璀璨和永恒。

在人类发展进程的长河里，一颗以一位伟大科学家的名字命名的行星闪烁在人类的头顶。

1980 年 10 月 14 日晚间，六朝古都南京的夜空浑如墨玉，通透空灵，繁星闪烁，如睛如豆。中国科学院紫金山天文台，就坐落在这座历史名城的紫金山上。

　　此时，工作人员正在天文台标志性的银灰色圆顶观测室里观测，一架40厘米双筒望远镜指向星云浩渺的太空。"双鱼星座上有一颗缓慢移动的短条状星象！"工作人员非常激动，因为他们从拍摄的底片上，发现了一颗新的小行星！

发现这颗小行星时，它距离地球大约 2.23 亿千米！

中国科学院紫金山天文台的观测和研究结果发表后，国际小行星中心随即给予该小行星 1980TA6 的临时编号。随后，美国的洛威尔天文台等天文台进行了 7 个年份的 17 次观测，进一步确定了该小行星的运行轨道，并证明该小行星完全符合国际小行星中心关于新小行星获得永久编号所需具备的条件。国际小行星中心于 1988 年 2 月给予该小行星第 3763 号的国际永久编号，并确认中国科学院紫金山天文台拥有发现命名权。

以"钱学森"命名这颗新星！

一是表达对钱学森一生杰出贡献的敬仰，二是钱学森所主持的我国第一颗人造地球卫星"东方红1号"工作有中国科学院紫金山天文台一批工作人员的参与。

2001年12月21日，经国际小行星中心和国际小行星命名委员会批准，中国科学院紫金山天文台将这颗编号为3763的小行星正式命名为"钱学森星"，以表彰这位"两弹一星"元勋对我国科技事业作出的卓越贡献。

　　1911 年 12 月 11 日，教育家钱均夫的夫人章兰娟生下一个男婴。

　　钱均夫按照钱家"继承家学，永守箴规"的辈分排位为孩子取名。钱学森属"学"字辈，故名字里第二个字为"学"，至于名字中的第三个字，则同他的同辈堂兄一样，都用"木"字旁的字。钱均夫最初用双"木"——"林"字，后来干脆再加一"木"——"森"，寄寓更加葱茏繁茂之意；并且"学森"谐音"学深"，又体现学问深远之意。

　　钱学森出生后不久就被送到了作为母亲章兰娟陪嫁的杭州方谷园2号，3岁时随父母迁往北京。不久，他被送进了取"蒙以养正"之意的"蒙养院"，开启了学习生涯。

　　常言说"三岁看老"，透过一个三岁儿童的言谈举止便可以猜测到他将来会成长为一个什么样的人，换句话说，一个人幼年时的行为习惯影响着他的一生。钱学森在思想品德课中学习做人的道理，在行为仪表课中学习行为举止，在识字课中学习书写汉字，在数字应用课中学习数数和加减法……

　　1917 年，不满 6 岁的钱学森在时任国民政府教育部视学的父亲钱均夫的陪同下，来到位于西单手帕胡同的国立北平女子高等师范学校附属小学校就读。

　　钱学森是当时班里年龄最小的学生，平时喜欢和同学们一起玩掷纸飞机。每次比赛，钱学森都是选择轻薄光滑的纸张，将其折得棱角分明，头部还夹着一根小小的笔芯。他的纸飞机总是飞得最远、飞行时间最长，是赛场上的"常胜将军"。

　　钱学森说出了其中的窍门："折得有棱有角，非常规正，投掷起来受到的空气阻力就小。"

　　这样一个小小的制作，说明钱学森在年少时就已经开始琢磨"空气动力学"的原理。善于观察、勤于思考，是一位科学家应有的才华和素质，而这也正预示着钱学森的未来。

　　1923年，钱学森到国立北京师范大学附属中学校就读。他一走进这所学校，便感受到一种氛围，一种为振兴中华而刻苦学习的气氛。回忆求学生涯，晚年的钱学森列出了一份17位给了他深刻影响的人的名单，其中国立北京师范大学附属中学校的老师就占了7位。

　　校长林砺儒实施了一套以提高学生智力为目标的教学方法，试图启发学生的学习兴趣和自觉性。

　　音乐老师用一部手摇机械唱机播放出的贝多芬憧憬世界大同的声响，一直在钱学森的心中激荡。

几何课老师傅种孙说，公式公理，定义定理，是根据科学、根据逻辑推断出来的，在课堂如此，到外面如此，中国如此，全世界如此，即使到火星上也如此。这让钱学森知道了科学的严谨"放之四海而皆准"。

一位同学说："20世纪有两位伟人，一位是爱因斯坦，一位是列宁。"钱学森随后到图书馆寻找介绍爱因斯坦的书，虽不能十分看懂，但也知道了相对论概念和相对论理论是得到天文观测证实的。后来，他沉浸在相对论广阔无际的科学世界里，在科研中汲取知识的营养……

1929 年 9 月，钱学森以总分第三的成绩，考入了位于上海的国立交通大学机械工程学院，攻读铁道机械工程专业。

1933 年，钱学森参加金悫教授的水力学考试。试卷一共 6 道题，他全部都做对了，并且卷面干净、字迹工整、演算一气呵成，只是在最后一道题的运算步骤中，漏写了一个字母。国立交通大学学风严谨，虽一字之差，却也不能轻视，钱学森最终被扣去 4 分，得了 96 分。

钱学森那份 96 分的试卷现珍藏在上海交通大学档案馆，一同保存的还有全班同学的成绩单，总分在班上 22 名学生中位居第一的便是钱学森。

由于成绩优异、品行端正，钱学森分别在 1933 年 4 月国立交通大学成立 37 周年纪念典礼以及 1934 年 6 月国立交通大学上海本部第四次教务会议上得到学校的嘉奖，得以免缴学费。

1934 年 6 月 30 日，钱学森以学院第一名的优异成绩从国立交通大学机械工程学院铁道门毕业。

照理，钱学森毕业后可以顺理成章地去做铁道工程师。但是 1931 年九一八事变爆发后，日军用武力吞噬了中国东北三省，又将觊觎的目光投向上海。上海上空出现的机翼上漆了红色"膏药"的轰炸机，倾泻而下的炸弹……这些惨烈的暴力场景让正在求学的钱学森触目惊心。

1932 年 1 月 28 日午夜，震惊中外的"一·二八"淞沪抗战打响了。日本帝国主义如此肆无忌惮地侵略中国，尤其是日本空军凭借空中优势狂轰滥炸，造成中国军民伤亡惨重。

面对日本的空中优势，面对被炸伤的中国军民的痛苦呻吟，钱学森意识到，中国必须拥有强大的空军，也必须拥有强大的航空工业。

在举国上下"航空救国"的热潮中，钱学森决意为"航空救国"作出自己的贡献。他选修了外籍教师开设的航空工程课，并且是 14 名选修生中成绩最好的一个。在图书馆，他借阅与飞艇、飞机和航空相关的理论书，借阅美国火箭创始人戈达德的书，借阅英国格洛尔的飞机机翼气动力学理论专著……经过刻苦钻研，他总算是入了空气动力学理论的门。

　　1934 年 8 月，一年一度的清华大学"庚子赔款"留美公费生考试在中央大学举行，钱学森从上海前往南京"赶考"，他报考的是航空门。经过数天的笔试，沉着答题的钱学森对每一科都信心十足，考试结束后便回到杭州休息。

　　金秋十月，他欣喜地获知自己考上了清华大学留美公费生！

　　当时，清华大学考选留美公费生航空门（机架组）只有一个名额。所谓的"航空机架"，也就是飞机机架的设计和制造。飞机除发动机之外的部分，就是机架。

　　这清楚地表明，钱学森作为国立交通大学铁道机械工程专业的毕业生，已经改学航空工程了。

　　录取结束后，主持招考工作的清华大学理学院院长叶企孙先生安排钱学森到清华大学航空专业进修一年，帮助他在出国学习航空工程前做好学习准备。

　　随后，钱学森前往杭州笕桥飞机制造厂及南京、南昌的飞机修理厂进修。在那里，他得到了曾为美国波音公司设计第一架飞机、人称"波音之父"的清华大学教授王助的热情指导。

　　经过实习，钱学森加深了对飞机制造业的认识。他在实习结束之后，回到离别已久的北京，在清华大学，钱学森拜会了导师王士倬教授。

　　王士倬教授说，虽然飞机是美国莱特兄弟发明的，但是中国人很早就有飞天梦想。这位主持设计、建造了中国第一座风洞的中国航空事业先驱讲述的万户飞天的故事，给钱学森留下了深刻的印象。

　　在王助、王士倬两位教授的指导下，钱学森走进了航空工程的知识殿堂。

　　1935 年 8 月 20 日，钱学森从上海乘坐邮轮横渡太平洋，到达美国西海岸的西雅图，然后经芝加哥前往东海岸的波士顿，来到了麻省理工学院学习。

　　在国立交通大学"身经百战"的钱学森，很快适应了麻省理工学院的环境。不过，那里的美国同学看不起中国人。对此，钱学森很是气愤："中国现在是比你们美国落后，但作为个体，你们谁敢和我比试？"

　　在麻省理工学院仅学习了一年，钱学森就顺利戴上了航空工程硕士的方尖帽。

　　当时美国担心航空技术会被窃取，规定航空工厂只接收本国学生。钱学森同样陷入了导师王助当年的尴尬境地。无奈之下，钱学森只得改变自己的专业方向，即从航空工程转为航空理论。研究航空理论需要进行大量的数学计算，而这恰恰是钱学森的特长。

　　美国的航空理论研究中心不在麻省理工学院，而在洛杉矶的加州理工学院，那里的冯·卡门教授是航空理论研究的权威。钱学森决定追随同样是外籍人士的冯·卡门教授，便想办法转学到加州理工学院。

1936年10月，钱学森来到了加州理工学院。

第一次会面，钱学森便准确地回答了冯·卡门教授提出的所有问题，冯·卡门教授对富于智慧的钱学森十分钟爱，邀请钱学森攻读自己的博士。

钱学森在冯·卡门的指导下，经过苦心钻研，攻克了当时航空领域前沿的众多难题，先后获得航空、数学博士学位。他在博士论文中预见了气动加热效应，提出了压力修正公式，即卡门－钱公式。这一公式，为超音速飞机制造作出了重大贡献。

卡门－钱公式发表后，被世界各国飞机制造厂广泛应用于超音速飞机的设计与制造，这使得钱学森声名鹊起。在航空领域攻坚克难的同时，他又把目光投向了火箭，随后参加了由冯·卡门的学生马林纳等人发起的火箭俱乐部，并发表了一篇关于火箭研究的论文。他在这篇论文中提到了火箭设计中关于效率、温度、燃烧喷嘴设计等的重要基础理论，这些观点被火箭俱乐部视为"圣经"。之后，钱学森顺利担任火箭研究的理论设计师。

　　不料，1939年3月，在进行一次试验时，他们闯了大祸，火箭爆炸了！崩裂的金属碎片差点击中马林纳，这起事件震惊全校。

　　但钱学森并不气馁，他与小组成员一起把试验基地搬到了距离学校几千米的荒凉的阿洛约·塞科山谷。他们在那里竖起火箭发射架和火箭。

　　一枚火箭在点火之后蹿向碧空，稳稳地飞行了一分钟！他们获得了第一次成功！尽管只是一枚小小的探究火箭，但那是向胜利迈出的第一步。

　　火箭俱乐部这一民间组织，是美国历史上最早研制火箭的组织。钱学森和马林纳、威因鲍姆等五位小伙子，也被推崇为美国研制火箭的"元老"。

　　1939 年，一份被称为"奥斯陆报告"的绝密军事情报透露，德国正在研制导弹、原子弹和火箭。1941年 12 月 7 日，日军偷袭美国珍珠港，太平洋战争爆发。为此，美国加快了研制导弹、原子弹和制造火箭的步伐。

　　冯·卡门教授受命主持美国火箭、导弹的研制工作。作为冯·卡门的得力助手，钱学森也把研究的重点转向火箭、导弹。

　　时势造英雄，第二次世界大战把钱学森推上了世界一流火箭专家、导弹专家的位置。

　　钱学森在冯·卡门的指导下，在空气动力学的研究工作中多有建树，公开发表了许多论文。

　　因为钱学森在美国是外国人，按照美国政府的规定，他不能参加涉及军事机密的研究工作。当时的钱学森已经是冯·卡门的左右手，是有着相当造诣的科学家，这么优秀的人才，不能继续参加火箭研究，冯·卡门深感遗憾。为了留住钱学森，1941 年 8 月，冯·卡门把钱学森在美国的居留身份由原先的学生改为访问学者。

　　1942年12月1日，在冯·卡门的推荐下，经过美国宪兵总司令部人事安全主管巴陀上校的安全审核，钱学森获得了安全许可证，获准参加海陆空三军、国防部、科学研究发展局进行的研制导弹、制定美军尖端武器发展规划等一切军事机密工作。此后，钱学森进入美国国防的核心，为美国的火箭研制工作作出了重大贡献。

　　1943 年夏天，美国军方获知纳粹德国已研制出可用于作战的火箭并投入使用，便向美国加州理工学院下达"加快研制实战火箭"的密令，并投入巨额研制经费。

　　美国军方拨款 300 万美元兴建喷气推进实验室，冯·卡门教授被任命为喷气推进实验室主任，下设弹道、材料、喷气、结构四组，钱学森被任命为喷气研究组组长。

喷气研究组还接受了培训现役空军和海军军官的任务，为他们讲授工程数学原理和喷气推进原理。钱学森作为教员，撰写出长篇报告《喷气推进》，被确定为美国空气动力学研究生和军事工程师的必读教材。钱学森因此成为美国众多科学家中的明星和空气动力学权威。

1947年2月，钱学森被麻省理工学院聘为终身教授，当时他还不满36岁。随后，钱学森被推选为全美中国工程师学会会长。

  1949 年夏天，祖国大地发生了翻天覆地的变化。中国共产党领导的人民解放军取得辽沈战役、淮海战役、平津战役三大战役的胜利，解放全国已指日可待。当时，具有远见卓识的中央领导关心海外学子，并欢迎他们回国共同谋划国家建设。

  1949 年 5 月 14 日，时任香港大学教授的中国共产党党员曹日昌给远在美国的钱学森写了一封信，表示受中国共产党委托，邀请他早日返回祖国，领衔建设国内航空工业，该信通过美国芝加哥大学教授转交给了钱学森。

钱学森读完这封信后十分激动。

1949年10月1日，中华人民共和国宣告成立，钱学森无比兴奋地对夫人蒋英说："祖国已经解放，我们准备回去！"

为了减少羁绊，钱学森主动辞去美国空军科学咨询团和海军军械研究所的职务，开始为回国做准备。

　　1950年2月9日，美国威斯康星州共和党参议员麦卡锡率先在美国掀起了一股疯狂的"反共排外"浪潮，认为钱学森是"间谍"，于是对钱学森的盘问、查抄、监视接踵而至。同时，美国军方以公函的形式，通知加州理工学院，禁止钱学森从事任何与军事相关的科研活动，并于同年6月6日取消了钱学森的涉密资格。

　　钱学森深感受到侮辱，拒绝回答任何问题，并提交了一份声明，公开表达他决定离开美国、回到祖国的强烈意愿。

  1950 年 6 月 25 日，朝鲜战争爆发，美国加紧了对在美留学生的控制。

  预订了从加拿大飞往香港的机票后，8 月 23 日，钱学森向曾一起共事过的美国海军部副部长丹尼尔·金贝尔辞行。

  谁知钱学森刚离开丹尼尔·金贝尔的办公室，丹尼尔·金贝尔立即给美国司法部打电话，说："钱学森知道所有美国导弹工程的核心机密，是美国最优秀的火箭专家之一，他太有价值了，在任何情况下，他都抵得上五个海军陆战师！我宁可毙了他，也不能放他回中国！"

　　1950年9月6日，钱学森被美国司法部移民归化局从家中带走，关押在洛杉矶以南的特米诺岛上的拘留所里。

　　消息传开后，引起了极大的社会震动。

　　加州理工学院院长杜布里奇及钱学森的诸多好友，纷纷出面营救。

　　在被关押了12天后，钱学森被高达1.5万美元的保释金保释出来，但仍受到美国司法局"不得离开洛杉矶"的管制。

　　直到 1955 年 6 月，钱学森从一张报纸中发现了父亲钱均夫的旧交、时任全国人大常委会副委员长陈叔通的身影，他立即想出了一个妙招：请求中国政府帮助自己返回祖国，并将请求信夹在寄往侨居比利时的妻妹蒋华的信中。

　　钱学森的妻子蒋英巧妙避开美国联邦调查局特务的跟踪，将信寄出。

　　此信经钱均夫转寄陈叔通，陈叔通转交给了周恩来总理。周恩来令外交部火速指示正在日内瓦进行中美谈判的王炳南大使："这就是一个铁证，美国至今仍在阻挠中国平民归国。"

　　王炳南大使以钱学森事例与美国谈判代表交涉中国留学生回国问题。

　　中国为了表示接回钱学森的诚意，主动释放了四名美军飞行员战俘。美国却声称并未控制钱学森，也从来没有拘留他，并拒绝了中国接回钱学森的请求。祖国从没有放弃争取钱学森回国的努力，通过各种途径进行磋商。

　　1955年8月4日，钱学森终于收到美国司法部准许他离开美国的通知。周恩来总理感叹地说："中美会谈虽然没有取得实质性成果，但我们要回了一个钱学森。"

　　1955年10月8日，钱学森带着妻子儿女经罗湖口岸抵达深圳。金秋送爽，年轻的共和国刚刚迎来了六岁生日，百业待兴。钱学森抬头仰望艳阳下迎风招展的五星红旗，禁不住热泪盈眶："祖国，您的儿子钱学森终于回到您的怀抱……"

　　前来迎接的中国科学院负责人朱兆祥快步迎上前去："欢迎您，钱教授！热烈欢迎您回到祖国！"

　　钱学森握着朱兆祥的手，使劲地摇了摇，那厚实的双手让他确信，这是真实的，不再是梦中的幻想。

　　1956 年 2 月 1 日晚上，毛主席宴请出席全国政协二届一次会议的全体委员。钱学森接到的请柬上写的是座位在第 37 桌。可是进了会场，工作人员将他引到第 1 桌，坐在毛主席身边。

　　事后，钱学森才知道，是毛主席审阅来宾名单时，亲自将他的名字从第 37 桌勾到了第 1 桌，安排在自己身边。宴会上，毛主席亲切地对他说："听说美国人把你当作五个师呢！我看呀，对我们来说，你比五个师的力量大得多。"

　　1956年10月，中央军委正式批准成立我国第一个导弹研究机构——国防部第五研究院，周恩来总理亲自任命钱学森为院长。

　　钱学森在部队医院的几间空房间内挂上黑板，亲自拟定空气动力学、发动机、弹体结构、自动控制、电子线路、计算机等有关专业的学习计划，并亲自授课。

　　中国的航天事业迈出了万里长征第一步。

　　经过科研团队的不懈努力，导弹试验基地有了一定的规模，能够进行各种导弹试验。经过无数次的失败，钱学森团队总结了足够多的经验。

　　随着一个又一个难题被攻克，1960年11月，我国终于成功研制出第一枚仿制弹道导弹"东风一号"，实现了中国在导弹领域从无到有的历史性突破。

　　1964年10月16日，一朵蘑菇云升起——我国第一颗原子弹爆炸成功了！这时一个新课题出现了，该如何让原子弹远距离爆炸呢？换句话说，该怎样把核弹头、火箭和导弹相结合，形成战略导弹？

　　这个新课题摆在了钱学森的面前，"两弹结合"成了他需要攻克的下一个难题。仅仅在原子弹爆炸后两个月，钱学森就提交了"两弹结合"的方案报告。

　　五年归国路，十年两弹成。钱学森深厚的学术造诣，雷厉风行的风格，深受大家敬佩。

　　1999 年 9 月 18 日，在庆祝中华人民共和国成立 50 周年之际，钱学森被授予"两弹一星功勋奖章"。

　　2003 年，"神舟五号"载人飞船发射成功，杨利伟成为第一位造访太空的中国人。回到北京后，杨利伟专程到钱学森家中报到。从此，每位从太空凯旋的中国航天员都会来到钱学森家中，向这位中国航天事业奠基人报告好消息！

　　由钱学森任院长的国防部第五研究院（即现在的中国空间技术研究院），也因此被誉为"中国航天员成长的摇篮"。

2009年10月31日上午8时6分，被誉为"中国导弹之父""中国航天之父"的钱学森在北京悄然逝世，享年98岁。新华社发表长达六千字的《钱学森同志生平》，称钱学森是"中国共产党的优秀党员，忠诚的共产主义战士，享誉海内外的杰出科学家和我国航天事业的奠基人"。

浩渺太空里那颗中国人发现的行星，何其有幸，永远戴着"钱学森"的桂冠，永远召唤着中国人的飞天梦……

延伸阅读

注释

小行星中心（MPC）：是负责搜集微型行星（小行星和彗星）观测资料的组织，计算它们的轨道，并通报发布相关信息。在国际天文学联合会的主导下，由史密松天体物理台实际运作。

MPC 为观测者提供了一些免费的线上服务，以协助观测小行星和彗星，如可自由下载完整的小行星轨道目录（有时简称为"小行星目录"）。除了天体测量学的资料，MPC 也搜集行星的光度曲线。目前，MPC 的一个关键性新任务是通过网络来协调观测者对近地天体进行可能的后续观测。此外，MPC 还负责确定并提醒新发现的近地天体是否有在发现后的几个星期内撞击地球的风险。

东方红 1 号卫星：代号"DFH-1"，是 20 世纪 70 年代初中国发射的第一颗人造地球卫星。

东方红 1 号卫星于 1958 年提出预研计划，1965 年正式开始研制，于 1970 年 4 月 24 日在酒泉卫星发射中心成功发射。东方红 1 号卫星重 173 千克，由长征一号运载火箭送入近地点 439 千米、远地点 2384 千米、倾角 68.5° 的椭圆轨道。卫星进行了轨道测控和《东方红》乐曲的播送。东方红 1 号卫星实际工作寿命 28 天（设计工作寿命 20 天），于 1970 年 5 月 14 日停止发射信号。东方红 1 号卫星仍在空间轨道上运行。

东方红 1 号卫星发射成功，开创了中国航天史的新纪元，使中国成为继苏联、美国、法国、日本之后世界上第五个独立研制并发射人造地球卫星的国家。

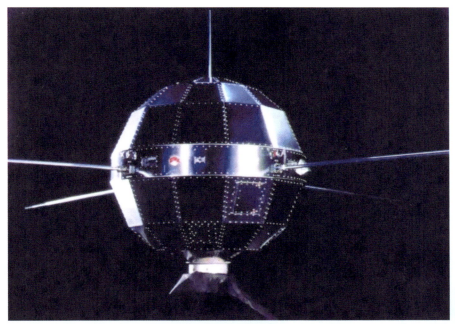

东方红 1 号卫星

两弹一星:最初是指原子弹、导弹和人造卫星。其中"一弹"是原子弹,后来演变为原子弹和氢弹的合称,另"一弹"是导弹,"一星"则是人造地球卫星。 作为中华人民共和国最初几十年科技实力发展的标志性事件,"两弹一星"也时常被用来泛指中国近代在科技、军事等领域独立自主、团结协作、创业发展的成果。"两弹一星"年代中国在导弹、人造卫星、遥感与制控等方面的成就,为以后中国航天的进一步发展打下了基础。

钱学森图书馆

钱学森是享誉海内外的杰出科学家和我国航天事业的奠基人,被誉为"人民科学家"。在他身上,充分体现了崇高的爱国主义精神,严谨的科学态度和高尚的道德情操。钱学森的杰出贡献、感人事迹和崇高品格,是我们国家和民族宝贵的精神财富。为了进一步弘扬钱学森爱国、创新、奉献的业绩与精神，经党中央研究，决定在上海交通大学建设钱学森图书馆，于 2011 年 12 月 11 日钱学森诞辰 100 周年之际建成开馆。2020 年，钱学森图书馆被核定为国家二级博物馆。图书馆的建筑外形简洁、庄重，远看恰似戈壁滩中的风蚀岩，面向华山路的红色外墙上隐约看到钱老微笑的面庞，眼光向前，似乎正凝视着玻璃幕墙中显现的"两弹结合"导弹，体现了"大地情怀、石破天惊"的设计理念。2022 年 2 月，上海交通大学钱学森图书馆入选 2021—2025 年度全国科普教育基地第一批认定名单；2022 年 5 月，入选"2022 年度科学家精神教育基地"，建设期至 2026 年。图书馆总用地面积 9300 平方米，总建筑面积 8188 平方米，地下一层，地上三层，陈展面积 3000 余平方米。馆内基本展览分为中国航天事业奠基人、科学技术前沿的开拓者、人民科学家风范和战略科学家的成功之道四个部分。截至 2023 年底，馆藏钱学森文献、手稿和书籍 62000 余份。馆内设有多功能厅、专题展厅、学术交流厅等文化设施。钱学森图书馆是全国爱国主义教育示范基地、全国科普教育基地、上海市爱国主义教育基地、上海市科普教育基地、上海市国防教育基地，并将建设成为钱学森文献实物收藏管理中心、学术思想研究中心、科学成就和崇高精神的宣传展示中心，以此充分发挥其对广大干部群众进行爱国主义教育，进一步宣传弘扬民族精神和科学精神的作用。